LUGARES A DONDE NO PUEDO VOLVER

LUGARES A DONDE NO PUEDO VOLVER

Agostina Ferroni

Valparaíso
EDICIONES

VALPARAÍSO POESÍA

Diseño de interior y maquetación: Chari Nogales
www.charinogales.com @chari_nogales

Imagen de portada: Exequiel Molina
Imagen de la autora en la solapa: Esteban Pereyra

Primera edición: marzo de 2025

© De los poemas: Agostina Ferroni

© Valparaíso Ediciones
C/ Fray Leopoldo, 7 bajo, 18014 Granada
www.valparaisoediciones.es

ISBN: 979-13-87538-30-9
Depósito Legal: GR 195-2025

Impreso en España - *Printed in Spain*
Gráficas Gami

El papel utilizado para la impresión de este libro está calificado como papel ecológico y procede de bosques gestionados de manera sostenible.

Para mi Papá,
quien siempre ha sido y será el lugar a donde puedo volver.

Escribo sobre otros
porque no tengo el valor
para hablar de mí misma.

EFECTOS SECUNDARIOS
DE ESTA CIUDAD

Te lo voy a decir
de una sola vez para que lo entiendas:
Necesitas conocer
a otras personas
porque es más sencillo
que volver a mirarme a la cara,
porque no tienes el valor para decirme que no,
porque en tu abecedario
no existen las letras
que forman honestidad.
Veo tus ridículos intentos
de maquillar mi recuerdo
con personas que no conoces,
llenando tu garganta
de nombres nuevos,
que, al terminar la fiesta, olvidarás.
Por eso,
cuando se apaguen las luces,
volverás a tu casa
y el silencio te lo explicará todo.

LOS NIÑOS TIENEN MIEDO

Pienso en todas las cosas que aún no te he dicho:
hablamos idiomas distintos,
y nunca anclaste en mi puerto.
Busqué cariño en tus manos,
pero solo recibí un poco de tu cobardía.

Busqué respuestas infinitas
sin comprender que tu silencio
siempre fue tu mensaje más claro.

Esta vez, me coloco en medio
de lo que siempre supiste,
y aun así, nunca te importó
solo para cuestionarte:
¿Por qué llegaste a mi casa
y la dejaste llena de tus rastros?
Me mostraste una parte de lo inalcanzable,
intentaste revelar una porción de mí misma:
qué curioso, es un reflejo tuyo.

Y aún así, a pesar de todo,
sigo viendo la luz que sale por la puerta
que dejaste entreabierta.

Eso es lo que hacen los cobardes.

DESPUÉS DE VOS

Es la primera vez que las palabras no bastan.

Cuando los recuerdos queman,
es más difícil quitárselos de las manos.
Tal vez tenías razón:
el silencio fue la única manera de protegerme,
pero lo hiciste a costa de mí misma.
Me desarmaste por dentro y no lo niego,
todos mis pedazos te reconocen y te rechazan.
Me dejaste en el suelo sin poder alzar la mirada,
solo porque sabía que ya no estarías ahí.

Olvidé cómo levantarme
pero el tiempo me enseñó
otra manera de caminar:
Dejándote atrás,
con mis manos vacías,
lista para sujetar el mundo que me espera
después de vos,
después de lo que fuiste.

HASTA SIEMPRE, VENETIAN WAY

No te quiero a mi lado por necesidad,
no quiero recordar más esta historia:

Me fui hace siete meses,
me buscaste durante sesenta días,
cuando te rendiste, bailaste con otras
y besaste a otras.
Pagaste cenas para dos,
buscándome en cada una de ellas.
Fui a fiestas,
cruzando los dedos para no encontrarte.
Odiaste mi nombre mientras lo pronunciaban en voz
alta,
y entonces nadie podía entenderte.

Pero el tiempo y mi ausencia te enseñaron a olvidar:
olvidaste el camino a casa,
olvidaste que el amor dura solo cinco años,
olvidaste que tu luz es un reflejo de la mía,
olvidaste que el miedo nunca gana,
olvidaste quién soy.

Ahora,
cruzas el puente
en donde dejamos nuestros mejores años.

Llegas a tu casa,
moderna, blanca y vacía,
y te crees invencible desde tu balcón,
54 pisos más arriba que yo.

Mientras tanto,
estoy haciendo mis maletas,
huyendo, como siempre,
a una ciudad intacta de mis errores.

Solo me llevo este cansancio,
el peso de nunca dejar de empezar.

DESPUÉS DE MÍ

Te vi sonreír entre personas
que no te conocen,
entre luces y humo blanco que nublaban tu vista.
Los únicos colores que podías ver
eran los de las pastillas:
una a una, fuiste dejando mi voz atrás
mientras sus aplausos se hacían más fuertes.

"Me salvaron", dijiste.
Pero alguna vez te preguntaste
¿Hacia dónde te llevaron?
Yo tengo la respuesta:
Muy lejos de lo único real que tenías en esta ciudad.

Y ahora, entre vos y yo,
¿Valió la pena tu vida de mentira?

THE KILLER

Te escuchaba como si tus palabras
hubieran sido lo único cierto,
te miraba como a una promesa
y te defendí cuando manchaste tus manos,
incluso cuando todos te vieron hacerlo.

Me perdí en tus ojos de mar
y cuando quise encontrar el camino de vuelta,
el agua ya estaba en mis pulmones.

Fue entonces
cuando la vida de cristal
que habíamos construido
explotó en mi cara.
Clavaste los vidrios en los restos
sobrevivientes de mi cuerpo
y te subiste al avión.

Te llevaste lo poco que quedaba sano en mí.
Te llevaste la última oportunidad que le di al amor.
Te llevaste a La Oreja de Van Gogh
y a "Mr. Brightside",
te llevaste todas las canciones
y el mundo quedó en silencio para mí.
Me dejaste una remera vieja
y cuatro palabras: "Vuelvo en tres meses."

Te esperé,
el primer mes me aferré a ese pedazo de tela
solo para recordar que volverías.
Te esperé,
el segundo mes las llamadas
 que conectaban nuestros celulares
se olvidaban de mí.
Te esperé,
al tercer mes empecé a pensar
que quizás nunca te conocí.

Tu inseguridad nos apuñaló a los dos
pero solo uno de nosotros sobrevivió.
Ahora no puedo recordarte de otra manera
que no sea arrepintiéndome.

Solo quiero que estas palabras
lleguen a tus manos
para que nunca seas capaz de olvidar
a la persona que solía amarte.

A pesar de los años,
Yo no pude borrar esos ojos,
los mismos que me prometían el cielo
pero que terminaron marcando
esta cicatriz con la que hoy te escribo.

SOUTH BEACH

Tocarte
es como hundir los pies en el mar:
emoción y miedo
por lo que me espera en donde no puedo ver.

Recuerdo cuando estuvimos
en esta misma playa,
tu voz sonaba tan tranquila,
no necesitábamos nada más y eso era suficiente.

Hasta entonces
las migajas que me dabas
eran suficientes.

Pero ahora agotamos las palabras.

Conozco este silencio antes del impacto.

MI PEOR ERROR TUVO OJOS CLAROS

Te creías superior
a todos los que nos rodeaban,
pero lo único distinto en vos
era tu generación.

Te decías experto en mujeres,
sin embargo, dormías solo.
Tenés más ego que sangre,
y eso te llevó a donde estás hoy:

34 años y un departamento sin muebles
en un país que odias.

Ocultabas muy bien tu vanidad,
excepto el día que volviste a mi vida
solo para decirme que pensabas
que mis poemas eran para vos.
¿No te da vergüenza?
Y claro, puedes seguir culpándome
desde la comodidad de la casa de tus papás,
pero no te preocupes.

Todos sabemos que tus muchos años
nunca te dieron la inteligencia necesaria
para hablar de amor.

PODRÍAS HABERLO
HECHO MEJOR

Hoy pensé en vos,
como si lo merecieras.

Recuerdo tu camisa azul
y tu pantalón de lino en verano.
Recuerdo los desayunos en tu balcón,
cuando sospechaba que todo eso era un error.

Recuerdo cuando cantamos
un disco completo de Pereza,
ambos amábamos a esos artistas de tu ciudad.
Recuerdo haber pensado,
acostada sobre tu sillón roto
por culpa de tu compañero de piso,
"esto es lo que siempre quise".

También recuerdo haberme quedado sin bromas
al mismo tiempo que me dejabas sin ropa,
fue ahí cuando empecé a hablarte de verdad,
fue ahí cuando empezaste a aburrirte.

Hoy recordé tu acento perfecto
y tus palabras fugaces,

tu manera de hablarme
tan distinta a tu forma de alejarte.

¿Podrías haberlo hecho mejor?
Hay cosas que todavía no entiendo
y que a esta altura no significan nada:
algo así como vos y yo,
algo así como el abrigo blanco que olvidé en tu casa
y que jamás me devolviste.

Hoy te recordé,
y junto a tu cara aparecieron
las palabras que te faltaron
y la cobardía que te sobró.

LO ÚNICO QUE HICIMOS BIEN
FUE HUIR

Tuviste que llenar esos moldes vacíos
con los que dormías usando mi recuerdo.

No te culpo:
necesitabas a todas esas personas
para crear una versión parecida a mí,
pero nunca lo conseguiste.

¿Cuántas tuviste que usar y descartar
para confirmar que ninguna sería mejor que yo?
¿Cuánto tiempo perdiste para descubrir lo que ya sabías?

No necesito tu respuesta,
solo observa dónde estás hoy y con quién.

HOLA MELBOURNE

No podías pronunciar palabras claras
cuando teníamos que hablar de amor,
pero ese mismo día
me regalaste un par de medias
para el frío de esta nueva ciudad.

Eso fue todo para mí:
con ellas supe que aún me querías.

ÚLTIMA NOCHE

Sé que no me equivoqué:

Aquella noche crucé el puente
entre tu casa y la mía,
te esperé 54 pisos abajo,
mientras el portero,
que siempre me vio entrar riéndome,
esta vez me miraba con pena.

Era muy tarde,
y aunque siempre era verano,
hacía frío.
Estabas con ellos,
pero no me importó.

Nunca pude aceptar que otras personas
te hicieran amar las calles por donde yo me fui.

Después de horas apareciste,
llevabas tu camisa azul,
esa que me encantaba y que ya no usabas para mí.
Lloré.

Lloré sabiendo que esa era mi última oportunidad.
Lloré porque había dejado morir tus ganas.

Lloré porque me había convertido en el tipo de persona
de la que siempre nos reímos.

Dejé caer todo mi arrepentimiento
en el piso blanco de tu departamento
y me entregué con los ojos cerrados
a la inestabilidad que yo misma te había causado.

Pero no me equivoqué:
esa noche, mis lágrimas de Miami fueron tan fuertes
que nos llevaron hasta Melbourne.

Todo fue necesario para hoy abrir los ojos
y encontrarte en la misma cama,
siempre al lado izquierdo.

FUI TU MEJOR OPCIÓN

Llegaste y dijiste:
"No sabía qué chocolates traer,
así que compré tus favoritos"
Tenías una sonrisa heroica.
Todos pensaron que me querías.

Después, alguien preguntó
por el perfume que llevaba puesto,
respondiste su nombre antes que yo.
Fue *Irresistible* pensar
que estabas empezando a quererme.

Ellos fueron a la fiesta,
nosotros nos quedamos en el sillón rasgado,
viendo una película pero solo hasta la mitad,
el final de la historia estaba escrito para nosotros.

Dejaste de ir a visitarme al restaurante,
dejé de hablarte y siempre supiste
que lo hice para no perder, también, mi orgullo.
En aquel entonces ya había perdido demasiado.

Dejamos morir todas las películas.
De repente, no había más chocolates para mí.
Encontraste un trabajo mejor.

Me perdí a mí misma mientras te escribía poemas,
culpándote por no haberme elegido.

Tenías razón,
fui la mejor opción para alguien que no quería opciones.

Sin embargo, te entiendo,
 yo tampoco me elegiría a mí misma.

CONSUMISTE MI VOZ

Seguís diciendo que,
en ese momento, yo no estaba,
pero lo único cierto
es que habías perdido de vista
las cosas importantes.

Las luces rojas de neón
eran tan brillantes que no podías verme.
Tu concepto de amistad se resumió a fiestas,
aunque siempre supiste que la música fuerte
nunca permitió escuchar a nadie.

Y mientras te despertabas
en tu departamento de Miami
con dolor de cabeza,
yo seguía estando ahí.

Cuando fuiste a buscar tu libertad en Utah
y la encontraste a Ella en medio de la nieve,
yo seguía estando ahí.

Cuando escribiste sobre cómo hacías el amor
con esa misma persona hipócrita
que engañaba a su novio con vos,
yo seguía estando ahí.

Cuando me negaste la verdad
y su existencia durante cinco años,
yo seguía estando ahí.

Cuando descubrí por mí misma
lo que siempre te pregunté,
me quedé ahí.

Cuando mis piernas se llenaron de telarañas
y destruiste cada pedazo
de la mujer que hoy intento ser,
sigo aquí.

Tuve mucho valor y un amor inagotable
para mantenerme en el mismo lugar
mientras pasabas por sobre mis mejores años
desperdiciándome.
¿En dónde estaría hoy si te hubiera amado menos?

Por eso, cuando te escucho decir
"En ese momento no estabas"
me lamento por haber estado.

Ojalá tuvieras razón.

LO QUE NUNCA SEREMOS

Sé que todavía lees lo que escribo
solo porque sabes que es para vos.

Te estás convirtiendo
en todo lo que siempre quise ver:
reconociste tu potencial y ahora estás trabajando
en una de las calles más famosas
en la ciudad que amamos y que yo dejé atrás.

No quiero que todo se trate de mí,
pero ya me conoces:
siempre te encantó mi manera de caminar
por Lincoln Road con las puntas de mi pelo rosa.

A pesar de todo, todavía me recuerdas así,
incluso cuando decidiste ignorarme
y saludarme desde lejos.

Y ahora que no puedo verte de frente,
me pregunto: si hubiese hablado de amor antes,
¿Algo sería diferente hoy?

Después de todo, yo fui la cobarde,
pero aun así no tanto como vos,
ni siquiera en mis peores días,

cuando nuestros amigos mantenían la esperanza
pero nosotros la perdíamos.

Sin embargo,
hay algo que nunca terminé de comprender:
si te quise tanto hasta agotar mi cariño,
¿Por qué no se consume tu recuerdo también?

HOY LO HARÍA DIFERENTE

Todavía no sé si merecías mi empatía,
pero me fue imposible no entender
por qué te alejaste.

Siendo sincera,
sabía que era cuestión de tiempo,
aún así nunca apagué los reflectores,
por eso pude ver con claridad lo que escondías.

Me enseñaste que las palabras
nunca le ganaron a los actos,
ni siquiera las más crueles que dijiste,
pero las mías te trajeron de vuelta hacia mí.

Si no te hubieras rendido cuando
todavía creía en vos,
si yo me hubiera quedado,
si te hubiera escrito menos,
si me hubieras mirado más que a tus miedos.

Ya es tarde para asumir
que yo también podría haberlo hecho diferente:

Hubiera sido más inteligente
para darme cuenta de que

no estabas listo para quererme.
Ni a mí, ni a nadie.

EN LO QUE ME CONVERTISTE

Me quieres solo cuando me capturas
a través del lente de tu cámara,
alimentándote de todo mi potencial,
como si yo solo te sirviera para satisfacer a tu ego.

Te defendés con mis inseguridades
 y me hablas de creencias
¿Qué tan hipócrita podés llegar a ser?
Sabes muy bien que todos mis miedos
nacieron en tu boca.

Ahora podés ver en lo que me convertiste.
Después de estos siete años
sigo sin entender cuánta poca decencia
se necesita para intentar ganarle a mi inteligencia
cuando se trata de tus mentiras.

Esta decepción
solo me hace un poco más sabia y menos ciega,
aunque noches como hoy sigo sin saber quién sos.

CUALQUIER OTRO LUGAR

¿Seguís pensando que tu desinterés
no tiene consecuencias?
¿Crees que no aprendí nada
después de aquellos días?

Fui la espectadora de tu circo más cruel,
pero ahora yo lo dirijo.

Ambos sabemos cómo termina esto
y lo estás ignorando
mientras brindas por alguien
que nunca conociste.
Preferís estar en cualquier otro lugar
rodeado de extraños
solo porque ellos no te dicen la verdad,
ni siquiera pronuncian bien tu nombre.

Ya llegó el momento de romper los puentes,
ya podés arrepentirte de mí
y volver a cambiar de ciudad.

Ya podés escapar de nuestro mundo real
y volver a buscar el espacio que necesitas
en tu vida de mentira, otra vez.

DESDE LA OTRA PUNTA DEL MUNDO

Incluso con el corazón roto,
sigo siendo la pieza más brillante de este lugar,
por eso seguís aquí.

Te lo dije una, dos y tres veces,
¿Es necesario un portazo y el silencio
que sigue después para que me entiendas?
¿En serio tengo que hacerlo de nuevo?

Es divertido recordar tu cara
cuando me enfrentaste en la puerta de nuestro trabajo,
pero no supiste cómo soportar mi ironía.
Te fuiste sin despedirte de la única persona
que nunca fue un clon más
de camisa blanca y mente vacía.

Llegué a casa y no estabas,
entonces me serví una copa del vino
que me habías regalado
mientras agradecía no ver tu cara negando
todo lo que sabes que me duele y que no te importa.

De todas maneras,
cuando cruces esa puerta, voy a decirte
"Hola mi amor,
acabo de escribirte otro poema."

DEMASIADO TARDE

Lo más difícil de irte,
es saber que, cuando vuelvas,
sobrará un lugar en la casa
que dejaste atrás.

Lo más difícil de irte es entender
que ya es demasiado tarde para volver.

LUGARES A DONDE NO PUEDO VOLVER

Cada vez que empiezo a convencerme
de que estoy en donde debo estar,
aparece alguien preguntándome
de dónde es mi acento.

No puedo responder,
me fui hace tantos años de casa
que ya lo olvidé.
Y junto con esa pregunta,
aparece, también,
la culpa por no querer regresar.

Estoy atrapada
entre el pasado y el presente,
entre vos y él,
entre quien fui, quien soy
y quien quiero ser.
Lo único que tengo entre mis manos
es este peso acumulado
de no pertenecer a ningún lugar.

¿Algún día volveré o me iré más lejos?
Dejé de arrastrar mi maleta por los aeropuertos.
Ahora solo lo hago
entre los susurros de ayer
y la incertidumbre de hoy.

ÍNDICE